POUR LES MISSIONS

CATÉCHISME ILLUSTRÉ

DES

VÉRITÉS NÉCESSAIRES

12 Images, 12 Leçons

Placuit Deo per stultitiam prædicationis salvos facere credentes.

I. Cor.

PARIS
[illegible] GÉNÉRALE DE LA CONGRÉGATION DU [illegible]
30, [illegible]

De tous les Missionnaires répandus dans le monde païen, il n'en est pas un dont le cœur n'ait saigné bien souvent, à la vue de l'énorme quantité d'âmes qui nous échappent. Envoyés pour promulguer l'Évangile, nous sommes prêts à tout pour accomplir notre mission sublime; mais que de difficultés pratiques, et que chacun serait heureux si, pour les vaincre, il suffisait de verser tout ce qu'il a de sang!

Cela ne suffit pas.

Nous prêchons, nous instruisons, nous catéchisons; mais notre action reste toujours déplorablement restreinte, eu égard au nombre de ceux qui ne nous entendent pas, de ceux qui ne peuvent nous entendre.

C'est pour essayer de faire passer plus facilement et plus loin quelques-unes des **Vérités nécessaires** *que ces simples images ont été composées. Quand un Missionnaire arrivera dans un village, avec elles il trouvera plus facilement matière à conversation religieuse; un catéchiste aura vite fait de les expliquer autour de lui; et les nombreux enfants qui sortent de nos écoles pourront devenir, s'ils sont formés en ce sens, comme autant de Missionnaires près de leurs parents, de leurs amis, de leurs voisins : en tout cas, ils auront un point de départ pour expliquer les points essentiels de leur Foi.... Ainsi du moins, on connaîtra quelque chose du Christianisme, on l'apprendra presque à son insu, et, la grâce de Dieu aidant, on se rapprochera un peu plus de la voie qui conduit au Ciel. Enfin, le cœur sera mieux préparé à la parole du Missionnaire, et, à l'heure de la mort, l'un ou l'autre de ces évangélisés se rappellera sans doute qu'il a devant lui une porte ouverte sur la Vie...*

En certains pays d'Afrique, quelques formules du Coran jetées au hasard par des marchands d'esclaves suffisent pour que les tribus qui les répètent se regardent comme affiliées à l'Islam et sur le chemin du Paradis.

Pour qu'il en fût ainsi de la Vérité chrétienne, que faudrait-il donc? Il faudrait et il suffirait, au fond, que ces douze pauvres images fussent présentées à ceux qui les ignorent. Ce ne sont que les premiers feuillets du Catéchisme catholique, mais ils sont écrits dans toutes les langues, et, pour les lire, il suffit d'avoir des yeux...

Puisse donc cet humble travail servir à porter un peu plus loin l'Évangile, être quelquefois utile à l'un ou à l'autre des Messagers de la Bonne Nouvelle, et contribuer au salut d'une âme, ne fût-ce que d'une seule, parmi la foule innombrable de celles qui se perdent!

C'est dans cette pensée et cette espérance qu'il est offert à tous les Ouvriers de la Propagation de la Foi chrétienne.

A. L. R.

N.-B. — Ce Catéchisme est surtout destiné aux catéchistes et aux enfants chrétiens qui sortent des Missions pour rentrer dans leurs villages. Un Missionnaire le leur expliquera d'abord et les exercera à l'expliquer aux païens.

Pour cela :

1° Lire attentivement le texte et le commenter au besoin devant l'assistance;

2° Montrer et expliquer l'image;

3° Arriver aux QUESTIONS dont les réponses sont le résumé du Catéchisme;

4° Ne passer à la leçon suivante que lorsque la première est parfaitement sue;

5° En même temps, enseigner un peu chaque jour les prières de la dernière page.

Inutile de dire qu'il ne faut pas chercher dans les images un travail artistique et de nature à répondre même au goût des indigènes de tous les pays qui pourront les voir et les juger. — Les croquis, esquissés en Afrique et considérablement remaniés à Paris, ne répondent plus en beaucoup de points à l'idéal rêvé...

CATÉCHISME

des

Vérités nécessaires

A tout homme de bonne volonté.

Ce livre ne ressemble point aux autres. Celui-ci vient de Dieu, qui l'a donné aux hommes des premiers temps; ces hommes l'ont passé à d'autres, et il arrive aujourd'hui jusqu'à toi.

Lis-le : si tu le comprends bien, tu en sauras plus en un seul jour que si tu étudiais en dehors de lui pendant cent ans.

Tu sauras qui a fait le ciel et la terre, les bêtes et les hommes;

Tu sauras ce qu'est Dieu et ce que nous sommes;

Tu sauras d'où nous venons et où nous allons; pourquoi nous passons en ce monde; ce que nous devons y faire pour être heureux, et ce que nous deviendrons après la vie;

Tu sauras pourquoi l'on meurt et si, quand on est mort, tout est fini pour nous...

Maintenant, tu es dans les ténèbres; après, tes yeux s'ouvriront : tu verras clair... Lis ce livre, et dis à ceux qui le connaissent de te l'expliquer.

Il est fait pour toi, mais il convient pareillement à tout le monde : aux enfants, aux jeunes, aux anciens, aux hommes, aux femmes, aux riches, aux pauvres, aux Blancs, aux Noirs... Car chacun de nous a son âme, et à quoi servirait de gagner l'univers entier, s'il venait à la perdre?

La deuxième colonne de chaque page est destinée à recevoir la traduction en langue indigène du texte français. La feuille, écrite ou imprimée, aurait la dimension de la colonne et y serait collée.

DIEU

Un seul Dieu en trois personnes; Crée le Ciel et la Terre; Récompense le bien dans les Anges, punit le mal dans les Démons.

I. — Dieu.

I. — Au commencement, il n'y avait rien, excepté Dieu tout seul. Et Dieu parla, et tout ce qui est fut créé. Dieu a donc tout fait, il peut tout, il dirige tout, il entend tout, il voit tout, il sait tout, il est partout. Il n'est pas né, et il ne meurt pas : IL EST.

C'est notre Maître, car il a fait le Ciel et la Terre comme un ouvrier fait sa maison; mais c'est aussi notre Père, car il nous donne la vie, la force, la nourriture, et tout ce que nous avons.

Dieu a parlé aux premiers hommes et il leur a dit ce qu'ils devaient faire; mais beaucoup l'ont oublié, et d'autres ne veulent plus le savoir... Ce qu'il a dit, tu le trouveras ici...

Nous ne voyons pas Dieu : il n'a pas de corps, il ne mange pas, il n'a besoin de rien, c'est un esprit... Regarde le vent qui passe : peux-tu le prendre en main, peux-tu le voir? — Non; tu ne vois que les branches d'arbre qu'il agite, et tu dis : C'est le vent qui passe! De même, tu ne vois pas Dieu; mais tu vois le Ciel, la Terre, et tout le reste, et tu dis : Dieu a passé là. Car s'il faut un ouvrier pour faire une case, pour faire le monde il faut Dieu.

II. — Il n'y a qu'un Dieu. Mais en Dieu il y a trois personnes : le Père, le Fils, le Saint-Esprit... Dans le soleil, il y a le rayon de l'astre, il y a sa lumière, il y a sa chaleur, et tout cela ne fait qu'un soleil. Ainsi en Dieu : il y a trois personnes, et ces trois personnes sont égales en tout, et ces trois personnes ne font qu'un Dieu. C'est ce qu'on appelle la TRINITÉ.

III. — Avant tout, Dieu créa des esprits qu'on appelle des ANGES, c'est-à-dire *Envoyés*. Les uns restèrent bons et sont au Ciel : leur chef s'appelle Michel. Mais les autres se révoltèrent et, pour leur peine, ils furent jetés dans le feu de l'Enfer et devinrent les démons : leur chef s'appelle Lucifer.

Car Dieu voit le bien, et il le récompense; il voit le mal, et il le punit...

QUESTIONS

1. **Qui est-ce qui a tout créé? — C'est Dieu.**
2. **Combien y a-t-il de Dieux? — Il n'y a qu'un Dieu.**
3. **Combien de personnes en Dieu? — Trois.**
4. **Dieu récompense-t-il le bien? — Oui, toujours.**
5. **Dieu punit-il le mal? — Oui, toujours.**
6. **Dieu est-il notre Père? — Oui, c'est lui qui nous donne tout.**

L'IMAGE

représente Dieu, unique et éternel, sous la forme d'une grande lumière. Mais en réalité Dieu n'a pas de figure : on ne peut le représenter.

Les trois Personnes sont figurées comme elles ont apparu autrefois aux hommes : le Père comme un vieillard, le Fils comme un homme, le Saint-Esprit comme une colombe.

Dieu crée les Anges, des milliers et des milliers.

Les uns restent au ciel : Michel est leur chef.

Les autres sont chassés dans l'Enfer, Lucifer à leur tête. Ce sont les mauvais esprits, qui ne veulent que du mal aux hommes et à Dieu. Mais contre Dieu et les hommes de Dieu ils ne peuvent rien.

Dans un coin, la Terre; et dans l'espace, les étoiles...

L'INNOCENCE ORIGINELLE

Dieu habite le monde. Adam et Ève ne connaissent que le Bien. Tout leur obéit. C'est le bonheur universel.

II. — L'Homme.

I. — Après le Ciel, la Terre et les Anges, Dieu fit les Plantes et les Bêtes de toute sorte. Mais il n'y avait encore personne pour le connaître, l'aimer et le servir sur terre, et c'est pourquoi il fit l'Homme... Ce fut comme un travail de six jours, six jours de Dieu; le septième, il se reposa. Et c'est pourquoi Dieu a voulu, depuis, que nous prenions six jours pour travailler, et le septième pour nous reposer et prier. C'est l'origine du *Dimanche*.

II. — Pour faire l'Homme, Dieu prit de la terre et il lui souffla une âme : c'est pourquoi notre corps redevient poussière, mais notre âme ne meurt plus. A la mort, elle retourne chez Dieu, qui la juge, la récompense, ou la punit. C'est elle qui nous fait vivre, penser et parler.

Dieu fit l'Homme mâle et femelle : l'un s'appela *Adam*, l'autre *Ève*. Et il les unit, il les bénit, il les maria, et c'est d'eux que tous les hommes sont sortis, les Blancs et les Noirs. Le temps et le pays ont changé leur couleur; mais nous sommes tous frères.

Ainsi, quand Dieu fit les oiseaux, il les lâcha tous pêle-mêle et les laissa libres de s'unir et de se quitter, les moutons aussi, les singes aussi, et toutes les Bêtes; mais pour les Hommes, il les unit un par un, un homme pour une femme, une femme pour un homme. Et tous ceux qui, depuis, ont fait autrement, ont imité les bêtes et oublié qu'ils sont hommes...

III. — En sortant des mains du Créateur, Adam et Ève étaient parfaitement heureux, sans maladie, sans faim, sans tristesse et sans péché : ils ne connaissaient pas le Mal.

Alors Dieu voulut les éprouver et voir s'ils resteraient bons ou mauvais. Il les plaça dans son Jardin, et leur montrant un arbre il les avertit : « Ceci est l'arbre du Mal, ne mangez pas de son fruit; je le défends. Si vous en mangez, vous deviendrez les esclaves du Démon et vous mourrez, vous et vos enfants. » Et ils dirent : « C'est bien. »

QUESTIONS

1. Qui a fait le premier homme et la première femme? — C'est Dieu.

2. Et c'est d'eux que sont sortis tous les hommes? — Oui.

3. Au commencement, Dieu les fit-il heureux? — Oui : ils ne savaient pas le Mal.

L'IMAGE

représente Dieu créant et animant tout : la lumière, les eaux, les terres, les plantes, les bêtes, le premier homme et la première femme.

Adam et Ève sont purs et heureux. Dieu leur a défendu de manger le fruit de l'arbre du Mal; mais déjà Ève le regarde au loin. .

LE PÉCHÉ

La première famille transmet à tous ses enfants la maladie originelle. — La terre maudite. — Satan, roi du monde.

L'Homme après le Péché.

I. — Adam et Ève étaient donc heureux dans le Jardin de Dieu, parce qu'ils ne connaissaient pas le Mal.

Le Démon en fut jaloux. Et ayant pris la forme du Serpent, il vint tenter la femme : « Sais-tu pourquoi, lui dit-il, Dieu vous a défendu ce fruit? C'est qu'il craint que vous deveniez comme lui, sachant le Bien et le Mal... » Ève crut le Démon, voulut devenir comme Dieu, mangea du fruit, et en donna à Adam...

Aussitôt, leurs yeux s'ouvrirent, ils connurent le Mal, et virent leur Péché : Dieu s'était retiré de leur cœur, et Lucifer y avait écrit son nom. Ils étaient ses esclaves.

II. — Et voilà maintenant qu'il les domine, eux et tous les enfants qui sortiront d'eux. Satan est devenu le roi du monde! On ne le voit pas, mais c'est lui qui préside à tout le mal qui se fait, c'est lui qu'invoquent les mauvais sorciers, c'est lui qui reçoit les offrandes faites aux esprits des morts...

Voilà le Péché originel, qui a fait le malheur de toute la famille d'Adam, c'est-à-dire de tous les hommes. C'est lui qui a mis dans leur cœur les trois désirs immodérés qui les perdent : désir des Grandeurs, désir des Richesses, désir des Voluptés... C'est aussi depuis ce temps-là que notre esprit s'est obscurci, que notre cœur est mauvais, que nous devons travailler pour vivre, que nous sommes malades, que nous mourons...

Mais ce qui est pire que tout le reste, c'est que, après la mort, l'âme chargée du Péché ne trouve plus le chemin du Ciel. Qui le lui montrera? qui nous rachètera?

III. — C'est Dieu. Car Dieu est notre père, et, nous voyant perdus, il eut pitié de nous. Et il dit : « Je vous enverrai un Sauveur, et tout homme qui voudra le suivre retrouvera le Ciel après la mort, et s'y reposera des misères de la vie. »

Et les hommes se dispersèrent, famille par famille, tribu par tribu, peuplant la terre, emportant quelques vérités, oubliant Dieu, suivant leurs mauvais désirs, et attendant...

QUESTIONS

1. Qui perdit Adam et Ève et tous leurs enfants? — Le Démon.
2. Ainsi tous les hommes naissent avec cette marque du péché? — Oui.
3. Et, si cette marque du péché reste dans l'âme, l'âme ne peut aller au Ciel? — Elle ne le peut.
4. Après le péché d'Adam, qui promit de venir nous sauver? — Dieu lui-même.
5. Ainsi, Dieu ne nous a fait que du bien? — Oui, toujours.
6. Et c'est le Démon qui a fait le mal, le péché et la mort? — Oui.

L'IMAGE

représente au loin l'Arbre du Mal, avec le Démon changé en Serpent. Adam et Ève ont mangé le fruit défendu, et les voilà maintenant chassés du Jardin de Dieu, tristes, malheureux, marqués du Péché originel, eux et tous leurs enfants, et tous les enfants de toutes les races.

La terre est nue. Du sable, des pierres, des épines. Si tu veux manger, il faut maintenant travailler. C'est pourquoi Adam s'est fait des outils...

Au-dessus, la figure de Lucifer, pour montrer qu'il est devenu le roi du monde. Dieu s'est retiré...

LE SAUVEUR

Le Démon perd les Hommes par l'Orgueil, la Convoitise et la Sensualité. Dieu vient les sauver par l'Humilité, la Pauvreté et la Souffrance.

Le Sauveur.

I. — Dieu avait donc promis de sauver les hommes, de les racheter de l'esclavage du Démon et de leur rouvrir le Ciel après leur mort...

Il n'y a qu'un seul Dieu. Il n'a jamais eu ni père ni mère, il n'est pas né, il ne mourra pas, il est éternel. Il n'a non plus ni corps, ni figure, et si on le représente sur des images, c'est uniquement pour en donner une idée.

Il n'y a qu'un Dieu; mais en Dieu il y a trois personnes, dont chacune a son nom : le Père, le Fils et le Saint-Esprit. Or, ce fut le Fils qui descendit sur terre pour nous instruire et pour nous sauver.

Comprends bien cela. Dieu n'a pas de corps; mais pour se montrer à nous, pour parler avec nous, pour souffrir pour nous, il prit un corps et une âme comme nous : il se fit Homme. Seulement, en se faisant Homme il resta Dieu : ce fut un Homme-Dieu.

II. — Il y avait alors au pays de Judée une jeune femme qui s'appelait Marie. Jamais il n'y en eut de plus belle et de plus pure, car le démon n'avait pas reçu la permission de mettre sa marque en son âme : ce fut en elle que Dieu descendit.

De son sein il passa dans ses bras comme un rayon de soleil passe à travers un verre, et il parut sous la forme d'un petit enfant qui fut appelé Jésus, c'est-à-dire *Sauveur*.

III. — Ainsi Marie n'enfanta point un Homme, mais un Homme-Dieu. Seul, un Homme pouvait souffrir et faire notre pénitence; seul, un Dieu pouvait nous rouvrir le Ciel : c'est pourquoi Dieu se fit Homme.

QUESTIONS

1. Qui perdit nos premiers parents et nous avec eux ? — Le Démon.

2. Qui nous a de nouveau sauvés ? — Dieu.

3. Comment Dieu a-t-il fait pour nous sauver ? — Il s'est fait Homme.

4. Comment s'est appelé Dieu fait Homme ? — Jésus.

5. Quelle est sa mère ? — Marie.

L'IMAGE

représente, au loin, l'Arbre du Mal; le Démon-Serpent; Adam et Ève, avec leurs premiers enfants;

En avant, Marie, et entre ses bras le Fils de Dieu fait Homme qui vient de naître sous la forme d'un petit enfant...

Ainsi, le Démon nous perd en se faisant Serpent; Dieu nous sauve en se faisant Homme...

L'ENSEIGNEMENT DU SAUVEUR

Jésus est venu rappeler aux hommes la loi de Dieu. Il montre à tous le chemin du Ciel : qui veut y aller n'a qu'à le suivre.

L'Enseignement du Sauveur.

I. — L'Enfant-Jésus grandit, devint homme et annonça pendant trois ans la parole de Dieu. Dieu avait déjà instruit les hommes des premiers temps, mais en se dispersant ils avaient oublié, et plusieurs s'étaient fait des religions fausses et mauvaises. Au lieu de prier Dieu, ils priaient les démons et les âmes des morts : les démons les trompaient et les perdaient.

Jésus vint rappeler la vérité. Et pour montrer qu'il était Dieu et l'envoyé de Dieu, qu'il fallait le croire, qu'il fallait le suivre, d'un mot il guérissait les malades, ressuscitait les morts, faisait des choses merveilleuses.

II. — Voici maintenant la Loi de Dieu, telle qu'il l'a donnée lui-même en *dix Commandements :*

1. Je suis le Seigneur ton Dieu; tu n'en serviras point d'autre;
2. Tu ne blasphémeras point mon nom;
3. Garde mon jour;
4. Honore ton père et ta mère;
5. Tu ne tueras point;
6. Tu ne feras point d'impuretés;
7. Tu ne voleras pas;
8. Tu ne mentiras point;
9. Tu ne désireras point d'autre femme que la tienne;
10. Tu ne convoiteras pas le bien des autres.

Voilà ce que Dieu commande : si tous les hommes suivaient parfaitement cette loi, ils seraient tous heureux, heureux sur la terre, et heureux après leur mort. Mais avant tout il faut te faire instruire de la Religion et recevoir le Baptême... Puis, pas d'orgueil, pas d'avarice, pas d'impureté, pas de jalousie, pas d'ivresse, pas de paresse à servir Dieu.

III. — C'est là le chemin du Ciel. Nous le croyons, parce que Dieu l'a dit : Dieu ne peut ni se tromper, ni tromper les hommes.

QUESTIONS

1. **Dieu a-t-il donné sa Loi aux Hommes? — Oui.**
2. **Combien y a-t-il de commandements de Dieu ? — Dix.**
3. **Pour qui sont-ils faits ? — Pour tous les Hommes.**
4. **Pourquoi? — Parce que Dieu est le Maître de tous.**
5. **Si tu les suis, où iras-tu à la mort? — Au Ciel...**
6. **Et si tu n'en veux pas ? — Dieu ne voudra pas de moi...**

L'IMAGE

représente Jésus instruisant les hommes, jeunes et vieux, hommes et femmes, riches et pauvres, de toute race et de toute langue : car il est le Maître de tous, le Père de tous, et il veut les sauver tous.

Plusieurs l'écoutent, d'autres lui prêtent peu d'attention, d'autres s'en vont à leurs affaires, peut-être quelques-uns en rient et l'insultent...

C'est ainsi que, plus tard, on recevra aussi ses Missionnaires : il l'a prédit.

LE RACHAT DU MONDE

Jésus meurt sur la Croix pour les Hommes : il s'offre à Dieu, son sang lave la Terre, et toutes les races attendent de lui leur salut.

Le Rachat du Monde.

I. — Jésus prit trois ans pour instruire les hommes. Les uns le suivirent, les autres gardèrent leurs coutumes mauvaises, quelques-uns devinrent ses ennemis; car Dieu veut bien mettre tout le monde sur le chemin du Ciel, mais il ne veut y traîner personne malgré lui... C'est pourquoi, parmi les hommes, il y en aura toujours de bons, et toujours de mauvais; mais tous sauront ce qu'ils ont à faire pour se sauver, s'ils veulent se sauver...

Après les avoir instruits, il fallait les racheter.

Si le père et la mère se sont vendus comme esclaves, tous leurs enfants seront esclaves; et si le père et la mère ont une maladie dans le sang, la maladie passera à tous leurs descendants. — Ainsi, comme Adam et Ève se sont vendus au Démon, tous les hommes naissent avec la marque du Démon. De plus, affaiblis par la maladie primitive de leurs père et mère, qui est la concupiscence originelle, ils font ensuite des péchés personnels de toute sorte, ils volent, ils tuent, ils commettent des choses honteuses...

Les voilà perdus! Dieu n'a plus qu'à les laisser mourir tous et tomber en Enfer avec le Démon...

II. — Et Jésus dit : « Non! Je prends sur moi le grand procès de Dieu avec les Hommes. C'est moi le coupable : punis-moi! »

Et Jésus fut tué pour nous, pour toi, pour moi, pour tous ceux qui sont nés d'Adam. Des hommes, ne sachant pas ce qu'ils faisaient, le clouèrent sur une croix, ils lui percèrent le côté, et son sang coula sur la Terre comme pour la laver de tous ses crimes...

III. — Alors Dieu eut pitié de nous, et le Ciel fut rouvert à tous ceux qui veulent y aller. Voilà ce qu'on appelle le RACHAT DU MONDE, et c'est la grande nouvelle que les Missionnaires sont venus annoncer jusqu'ici...

QUESTIONS

1. **Qui a vendu les Hommes au Démon? — Leur père Adam.**
2. **Qui les a rachetés? — Jésus-Christ.**
3. **Comment Jésus-Christ les a-t-il rachetés? — Par sa mort.**

L'IMAGE

représente Jésus sur la Croix, s'offrant à Dieu pour le monde. Les Hommes de toute race attendent leur salut.

LA MISSION DES APOTRES

Jésus monte au Ciel et envoie ses Apôtres au Monde. Pierre est leur chef. Le Pape lui succède, et l'annonce de l'Évangile se poursuit.

La Mission des Apôtres.

I. — Jésus-Christ est Dieu et Homme. — Quand il mourut, ce n'est pas Dieu qui mourut. — Dieu ne meurt pas. — Ce fut l'Homme.

Or, il avait dit : « Je mourrai, puisque je veux mourir. Mais trois jours après ma mort je ressusciterai vivant. »

Trois jours après sa mort, il ressuscita, comme il l'avait dit. Il réunit de nouveau ses disciples, il leur donna ses derniers enseignements, il les bénit, et, devant eux, il s'éleva doucement au Ciel : c'est là qu'il est aujourd'hui, et il n'en reviendra qu'au dernier jour, quand le monde finira.

II. — Or, pendant sa vie, il avait choisi douze hommes qui furent appelés APOTRES, c'est-à-dire *Envoyés*, et il les avait instruits de toute la Religion. Parmi eux, il prit Pierre et l'établit chef de tous les autres, pour être son remplaçant sur la terre.

Et il leur dit : « Maintenant, mon œuvre est finie, je m'en vais; mais du Ciel je veillerai sur vous jusqu'à la fin des temps. Vous avez la parole de Dieu : si quelqu'un se présente après moi pour la changer au nom de Dieu, ne le croyez pas. La parole de Dieu ne change pas...

« Allez donc et enseignez toutes les nations ! »

Et les Apôtres partirent...

III. — Pierre est mort. Les Apôtres sont morts. Mais à Pierre a succédé le Pape, c'est-à-dire le Père qui demeure à Rome et qui est le chef de la Religion de Jésus; aux Apôtres ont succédé les Évêques; aux premiers Missionnaires ont succédé les Missionnaires d'aujourd'hui.

Les Missionnaires viennent donc de Dieu, et c'est pourquoi Dieu leur a dit : « Allez. Celui qui vous écoute, m'écoute; celui qui vous méprise, me méprise... »

QUESTIONS

1. Que fit Jésus-Christ après sa Mort? — Il ressuscita.

2. Et après sa Résurrection? — Il monta au Ciel.

3. A-t-il nommé un chef de la Religion pour le remplacer? — Oui.

4. Quel est-il? — Le Pape de Rome.

5. C'est donc le Pape qui envoie les Missionnaires? — Oui : c'est l'ordre de Dieu.

L'IMAGE

représente Jésus-Christ montant au Ciel, bénissant les Apôtres et les envoyant par le monde.

Pierre est leur chef. Lui seul a le Livre des Paroles de Dieu, car lui seul peut en expliquer les passages difficiles. Lui seul aussi a les Clés du Ciel, c'est-à-dire le pouvoir de remettre les péchés des hommes et de leur ouvrir le Ciel. En dehors de lui, il n'y a que de mauvaises clés...

Au loin, un Missionnaire, qui continue le travail des Apôtres sous les ordres du Pape.

LE BAPTÊME

Un Apôtre donne le Baptême établi par Jésus pour être la marque de ses enfants.
Le Démon se retire, et un Ange inscrit le nom du nouveau Chrétien.

Le Baptême.

I. — Les Apôtres partirent donc, ils commencèrent à instruire les hommes, et à ceux qui voulaient aller au Ciel après leur mort, ils en donnaient le moyen que Jésus leur avait enseigné. Quel est ce moyen ?

Quand un homme retrouve son agneau chez un voleur, il enlève la marque du voleur et lui fait la sienne à la place. De même Dieu retrouvant un homme qui veut le suivre, efface la marque du Démon dans son cœur et met la sienne à la place : cette marque de Dieu, c'est le BAPTÊME.

II. — Le Baptême efface le péché originel et tous les autres péchés, il rend l'âme pure, il met au cœur la lumière de Dieu, et celui qui la reçoit est inscrit dans la grande famille des Chrétiens et des Catholiques, c'est-à-dire des enfants du Christ-Jésus répandus dans le monde entier. On n'est plus seul ici-bas : on a 250 millions de frères...

Au milieu de tous les autres, Dieu reconnait l'homme baptisé : c'est son enfant, à lui, il l'aime, il le garde, et il défend au Démon, aux esprits et aux fétiches de lui faire du mal. Aussi, les Chrétiens n'ont peur de rien.

III. — Quand il s'agit d'un enfant, d'un petit enfant, on le baptise en se réservant de l'instruire plus tard. Mais un homme doit commencer par s'instruire de la Religion, se mettre en règle avec les Commandements de Dieu, et se repentir de ses péchés.

De plus, en recevant le Baptême, il renie le Démon, ses œuvres, ses mensonges, et il promet de rester du côté de Dieu et de sa Religion, toujours, même s'il fallait mourir.

La marque du Baptême, une fois faite dans l'âme, ne peut plus être effacée par personne...

QUESTIONS

1. Y a-t-il un moyen d'effacer en nous la marque du Démon? — Oui.

2. Quel est ce moyen? — C'est le Baptême.

3. Qui a fait le Baptême? — C'est Jésus notre Sauveur.

4. Un homme baptisé est donc l'enfant de Dieu? — Oui.

L'IMAGE

représente un Apôtre, un Missionnaire, baptisant un homme... Au même instant, le Démon quitte son cœur avec ses fétiches, et l'Ange de Dieu inscrit son nom sur le Livre du Ciel...

LES DEUX ROUTES DE LA VIE

L'une, éclairée par la Lumière de l'Église, est suivie par l'âme en état de grâce; l'autre, dans la nuit, est celle de l'âme marquée du signe de Satan.

Les deux Routes.

I. — Il y a deux Routes dans la Vie : la Route du Bien et la Route du Mal. Et chacun est libre de choisir.

II. — Dans la Route du Bien marchent tous ceux qui sont baptisés et observent de leur mieux les Commandements de Dieu : ce sont les bons Chrétiens. La lumière de Dieu est en leur cœur, et ils s'en vont, heureux et joyeux, au grand soleil de la Vérité.

Peut-être sont-ils pauvres, peut-être sont-ils malades, peut-être ont-ils d'autres misères : mais tout cela n'est rien, car tout cela finira... A leur mort, leur âme sera emportée par les Anges et Dieu la reconnaîtra. La récompense est là-haut...

Dans la Route du Mal, marchent tous ceux qui n'ont pas voulu être baptisés ou qui ont souillé leur baptême en brisant leurs engagements. Le démon est redevenu leur Maître, et il a écrit sa signature en leur cœur. Ce sont les ivrognes, les assassins, les voleurs, les empoisonneurs, les impudiques, ceux et celles qui vivent mal, ceux qui font des sacrifices aux esprits, ceux qui refusent de suivre les Commandements, ceux qui voient où est la vraie Religion et ne veulent pas l'embrasser...

Peut-être ils sont riches, contents et forts. Ils se trouvent heureux. Mais ils mourront bientôt, et Dieu, voyant en leur âme le signe du Démon, les rejettera loin de lui...

III. — Voilà les deux Routes devant toi : choisis !

QUESTIONS

1. **Combien de Routes dans la vie ? — Deux, le Bien et le Mal.**
2. **Qui est dans la Route du Bien ? — Les bons Chrétiens.**
3. **Qui est dans la Route du Mal ? — Les Païens qui veulent rester Païens, et les Chrétiens qui leur ressemblent.**

L'IMAGE

représente le bon et le mauvais chemin. Dans le bon, une famille chrétienne (père, mère et enfants), puis beaucoup d'autres de tout âge et de toute race, qui marchent unis dans la Lumière de l'Église Catholique...

Dans le mauvais chemin, se poussent ceux que le Démon a marqués, ivrognes, assassins, voleurs, impudiques, mauvais sorciers...

On peut sortir du mauvais chemin pour rentrer dans le bon : quelques-uns le font...

LA FIN

C'est le dernier jour du monde, la Résurrection et le Jugement. L'Ange de Dieu a sa liste, Satan montre la sienne : où est mon nom ?

La Fin.

I. — Tout meurt, et il arrivera un jour où le monde entier finira... Plus d'hommes, plus de bêtes, plus de plantes, plus rien : le feu du Ciel a tout dévoré...

II. — Et alors, apparaîtra de nouveau Jésus-Christ, sa croix en main, porté sur les nuages, et escorté par toute l'armée des Anges.

Une première fois, il est descendu sous la forme d'un petit enfant, il a grandi comme l'un de nous, il est mort comme un coupable. C'est que, en effet, il avait pris sur lui tous les péchés des hommes, il était coupable de tous leurs crimes. Et il en reçut le châtiment, l'épouvantable châtiment de la Croix...

Mais maintenant, voilà qu'il arrive pour voir ce que l'on a fait de sa parole, ce que l'on a fait de son sang : qui, parmi les hommes, a voulu profiter de son sacrifice, et qui s'est tourné du côté de Satan ?

III. — Et comme, après une pluie, repoussent dans une grande plaine les herbes brûlées par l'incendie, ainsi, par la puissance de Dieu, les Morts sortiront alors de la terre et des eaux où ils avaient été dispersés. Chaque âme retrouvera son corps, sa figure, ses membres avec lesquels elle s'est perdue ou sauvée,... et, tous les enfants d'Adam étant réunis autour de leur Père, le Jugement commencera...

L'Ange de Dieu montre sa liste, Satan montre la sienne.

Ce sera là le grand Jour du Monde, le dernier règlement des comptes, l'heure de la Justice suprême : personne n'y sera oublié, ni toi, ni moi. Et ceux qui se plaignent maintenant de ne pas voir Dieu seront satisfaits : ils le verront ce jour-là...

QUESTIONS

1. **Le monde finira-t-il un jour ? — Oui.**
2. **Et Jésus reviendra ? — Oui, pour juger tous les hommes.**
3. **Alors, les Hommes ressusciteront ? — Oui, les bons et les méchants.**

L'IMAGE

représente les hommes qui ressuscitent et Jésus qui vient les juger.

L'ENFER

Le Jugement est fini. Le Trou de l'Abîme s'ouvre, et, comme une masse effrayante de charbons vivants, les Damnés y roulent. Lucifer préside.

L'Enfer.

I. — Le Jugement général est terminé. Jésus, se tournant vers ceux qui portent le signe de Satan, leur a dit :

« Hors d'ici, les maudits! Allez au feu éternel, qui fut allumé au commencement pour le Démon et ses esprits révoltés !... »

Tout à coup, il se creuse un abîme épouvantable, d'où le feu jaillit et où les démons, sous la figure de serpents et de bêtes affreuses, attendent les hommes damnés.

Et déjà, rouges de la flamme qui les brûle à l'intérieur, criant et blasphémant, ils tombent, grappes énormes, cohue effrayante, éternels charbons de l'éternel Enfer...

II. — Puis Dieu ferme le Trou de l'Abîme, et rien, ni homme ni démon, rien n'en sortira jamais plus...

Voilà l'Enfer, où l'on ne boit plus, où l'on ne mange plus, où l'on ne dort plus, où l'on brûle toujours, où l'on ne meurt jamais...

III. — Et maintenant, homme, pense à toi-même. Entre le Ciel et l'Enfer, ton âme est suspendue comme par un fil, le fil de la vie. Si ce fil vient à se rompre, qu'adviendra-t-il? Ton âme est-elle assez légère pour monter au Ciel? est-elle assez chargée de péchés pour tomber en Enfer?... C'est là la seule affaire importante : c'est la seule à laquelle tu ne penses pas!

QUESTIONS

1. **Où iront ceux qui sont morts avec la marque du Démon? — En Enfer.**
2. **Qu'est-ce que l'Enfer? — Un endroit où l'on brûle toujours.**
3. **Ainsi, une fois en Enfer, on n'en sort plus? — Jamais.**

L'IMAGE

représente l'Enfer. Le Trou de l'Abîme vient de s'ouvrir, et l'on aperçoit encore un coin du Ciel. Les hommes damnés, déjà rouges comme des tisons ardents, brûlent à l'intérieur et tombent les uns sur les autres, roulant par paquets dans le Puits de Feu, immense et éternel.

Le chef des démons, Lucifer, jouissant de son œuvre, préside à cette chute épouvantable et compte tous ceux qui sont à lui...

Quelques-uns, les premiers tombés, se débattent contre des démons changés en serpents, qui leur souhaitent la bienvenue parmi eux, pendant que les flammes, sortant d'entre les rochers, commencent à leur lécher les membres...

LE CIEL

Jésus triomphant reçoit les Saints. A droite, Marie. Sur sa tête, une couronne de Séraphins. Chaque Ange gardien présente son Élu.

Le Ciel.

I. — Le Jugement général est terminé, et le Trou de l'Abîme vient de se fermer pour toujours sur les démons et les damnés : nul d'entre eux ne tracassera plus les Élus.

Alors Jésus se retourne vers ceux qui portent son signe : « Venez maintenant, vous, les bien-aimés de Dieu. Montons ensemble au Ciel : vos misères sont finies !... »

II. — Et plus doucement qu'une plume légère monte en l'air, pendant qu'une Lumière qu'on n'avait jamais vue éclaire tout, qu'une sorte de brise embaume l'espace, et que les chants lointains se répondent à travers les étoiles, — les Élus se sentent portés en haut, et les voilà, chacun présenté par son Ange gardien, devant le Seigneur Jésus qui les bénit... La bonne mère Marie, qui a si souvent prié pour nous, se retrouve ici, et c'est elle qu'on salue la première, après le Sauveur qu'elle nous a donné...

Dieu nous apparaît, mais si beau qu'on ne peut plus en détourner les yeux : on verra désormais tout en Lui, comme sur terre on voyait tout dans l'air. Voici Adam et Ève, nos premiers parents, qui ont obtenu miséricorde, voici ceux de nos ancêtres qui ont été sauvés, voici nos amis, nos enfants, nos missionnaires, des hommes et des femmes que nous avons instruits, baptisés ou secourus...

C'est le Ciel, c'est le bonheur, c'est l'éternité... Et pour conquérir ce trésor immense, que faut-il? Homme, mon frère, je suis venu te le dire de la part de Dieu : Devenir et demeurer Chrétien...

QUESTIONS

1. Où vont ceux qui meurent avec le signe de Dieu? — Au Ciel.

2. Qu'est-ce que le Ciel? — L'endroit du bonheur, où l'on voit Dieu toujours.

3. Que faire pour aller au Ciel? — Il faut :

1° Se faire instruire ;

2° Être baptisé ;

3° Pratiquer la Religion catholique ;

4° Mourir sans péché.

L'IMAGE

représente le Ciel. En haut, N.-S. Jésus-Christ ouvre les bras pour accueillir les Élus; à sa droite, la sainte Vierge Marie reconnaît les siens; sur sa tête, une grande couronne de Séraphins...

En bas, les Anges arrivent en longue file, chacun présentant au Sauveur l'homme dont il a été chargé...

Au loin, les étoiles, à travers lesquelles les corps glorieux pourront passer désormais, rapides comme la pensée...

AVIS

Ce Catéchisme n'est qu'un Abrégé des Vérités principales, volontairement incomplet, mais assez simple pour être compris par les intelligences les moins exercées. — Bien expliqué, il peut servir à amener une âme de bonne volonté aux portes du Christianisme, et s'il s'agit d'un vieillard, d'un malade en danger de mort, on pourra le baptiser sans presque rien ajouter.

Mais un adulte bien portant doit être plus instruit et plus longtemps éprouvé. Ce ne sera pour lui qu'une préparation.

A l'occasion, le Missionnaire et le Catéchiste pourront au reste profiter de ces premiers enseignements pour en placer d'autres : ces images feront le commencement de la conversation.

Prières.

✠ Au Nom du Père et du Fils et du Saint-Esprit. — Ainsi soit-il.

Acte de Foi, d'Espérance et de Charité.

Mon Dieu, je crois en vous, j'espère en vous, je vous aime. Pardonnez-moi et sauvez-moi !

Je crois en Dieu.

Je crois en Dieu le Père tout-puissant, Créateur du Ciel et de la Terre ;

Et en Jésus-Christ son Fils unique, Notre-Seigneur ; qui a été conçu du Saint-Esprit ; est né de la Vierge Marie ; a souffert sous Ponce Pilate ; a été crucifié, est mort, a été enseveli ; est descendu aux enfers ; le troisième jour est ressuscité des morts ; est monté aux cieux, est assis à la droite de Dieu le Père tout-puissant ; d'où il viendra juger les vivants et les morts ;

Je crois au Saint-Esprit ; la sainte Église catholique ; la Communion des Saints ; la rémission des péchés ; la résurrection de la chair ; la vie éternelle. — Ainsi soit-il.

Notre Père.

Notre Père qui êtes aux Cieux, que votre Nom soit sanctifié ; que votre règne arrive ; que votre volonté soit faite sur la Terre comme au Ciel.

Donnez-nous aujourd'hui notre pain de chaque jour ; pardonnez-nous nos offenses comme nous pardonnons à ceux qui nous ont offensés ; et ne nous laissez pas succomber à la tentation ; mais délivrez-nous du mal. — Ainsi soit-il.

Je vous salue, Marie.

Je vous salue, Marie, pleine de grâce, le Seigneur est avec vous, vous êtes bénie entre toutes les femmes, et Jésus le fruit de vos entrailles est béni.

Sainte Marie, mère de Dieu, priez pour nous, pauvres pécheurs, maintenant et à l'heure de notre mort. — Ainsi soit-il.

Gloria.

Gloire au Père, au Fils et au Saint-Esprit ;

Au commencement, maintenant, toujours, pendant les siècles et les siècles. — Ainsi soit-il.

Les Commandements.

1. Je suis le Seigneur ton Dieu : tu n'en serviras point d'autre.
2. Tu ne blasphèmeras point mon nom.
3. Garde mon jour.
4. Honore ton père et ta mère.
5. Tu ne tueras point.
6. Tu ne feras point d'impuretés.
7. Tu ne voleras pas.
8. Tu ne mentiras point.
9. Tu ne désireras pas d'autre femme que la tienne.
10. Tu ne convoiteras pas le bien des autres.

32 660. — Tours, imprimerie Mame.

www.ingramcontent.com/pod-product-compliance
Ingram Content Group UK Ltd.
Pitfield, Milton Keynes, MK11 3LW, UK
UKHW020442220726
13923UKWH00005B/2293

9 782019 925550